전각
篆刻

| 한국대표정형시선 049 |

전각篆刻

이한성 시집

고요아침

■ 시인의 말

  여섯 번째 시집(2005)을 내고 4년 동안 붓을 들지 않았다.

  실은, 시조단을 떠나 오래도록 쉴 작정이었지만, 서재에 날로 쌓여가는 수백 권의 증정본 시집을 보고 마음을 고쳐먹었다. 그 많은 시인들에게 꼭 빚 갚음을 하고 싶어서였다. 하나를 취하면 둘을 내주라는 어머니의 말씀처럼 그냥, 받아먹고 딴청을 피울 수만 없지 않은가. 그 동안 묵혀 두었던 작품들을 선별하여 다섯 꼭지로 묶어 일곱 번째 시집을 내게 되었다. 이제 혼자 가는 종심從心 길에 시가 있어 외롭지 않을 것 같다.

  고마운 시인들에게 이 시집을 바친다.

2018년 성하
취원서실翠園書室에서 이한성

■ 차례

시인의 말　　　　　　　　　　　05

제1부 송판 도마

풍경, 구경짝지　　　　　　　　13
황금 연못　　　　　　　　　　14
폭포, 사계四季를 품다　　　　　15
겨울 폭포　　　　　　　　　　16
찰옥수수　　　　　　　　　　　17
수목장　　　　　　　　　　　　18
숫감나무　　　　　　　　　　　19
송판 도마　　　　　　　　　　20
토요시장　　　　　　　　　　　21
무화과꽃　　　　　　　　　　　22
시월 끝동　　　　　　　　　　23
그곳에 가고 싶다　　　　　　　24

제2부 각회을 하며

전각篆刻 1	27
전각篆刻 2	28
전각篆刻 3	29
전각篆刻 4	30
전각篆刻 5	31
전각篆刻 6	32
전각篆刻 7	33
전각篆刻 8	34
전각篆刻 9	35
전각篆刻 10	36
각회을 하며 1	37
각회을 하며 2	38
각회을 하며 3	39
각회을 하며 4	40
각회을 하며 5	41

제3부 부끄러운 손

지팡이	45
부끄러운 손	46
수문리 이발관	47
조개탕	48
쇠똥구리 마을	49
다리미, 길을 내다	50
생가	51
겨울 빨래터	52
어머니 말 7	53
어머니 말 8	54
장마	55

제4부 아름다운 동행

봄날	59
골목길	60
이상한 질병	61
아름다운 동행	62
가을 풍경 1	63
가을 풍경 2	64
소등섬	65
금연구역	66
누드 김밥	67
탐진강 소견	68
눈길	69
무너진 다리	70
봄산	71
깊은 산에 들며	72
환한 목련	73

제5부 참깨를 털며

무밭을 지나며	76
참깨를 털며	77
난초에게 미안하다	78
호스피스, 병동	79
가을 적벽 2	80
바다 그리고 기름	81
소등섬, 노을을 만나다	84
분재 1	85
분재 2	86
오랜 만남	87
멍 때리기	88
수취인 이한성	89

■해설_단단한 뼈, 사물간의 대립 또는
　통합의 시학/노창수　　　　　　　　90

1부

송판 도마

풍경, 구경짝지

우리의 지친 삶이 각궁처럼 휘고 굽은
초분 같은 푸른 섬이 섬을 업고 떠돈다,
악보도 없는 노래를 백색 음으로 풀면서

가끔씩 허공을 내 숨통 트는 방풍림 같이
발 시린 구경짝지* 몸 부비는 몽돌들도
답답한 가슴을 비워내는 연습을 하고 있다.

바다에 든 흰 눈발이 푸른 물색 다 흐린다.
빨간 눈 바위부채게 옥쥔 허물 걸려 있는
부러진 후박나무 뿌리 겨울날 닭발 같다.

* 국가명승지로 신청하면서 '구계등'으로 명칭이 바뀌었다.
 전남 완도군 완도읍 정도리 152번지.

황금 연못
― 비단 잉어

미끄러지듯 유영游泳하는 잉어,
그 금테 입으로
물길이 빨려 들며 내는 소리 투명하다.
푸른 물
하얀 기포가
톡톡 터진다, 탄산수처럼

한여름 버드나무 물에 띄운 그늘 사이
수직으로 내린 햇살 자맥질하는 시간
관상어 둥근 홑눈이 잘 닦인 구슬 같다.

옷을 곱게 잘 입어 부르는 게 값이라는
별난 놈들 수십 분씩 쫓아다닌 눈의 호사

지는 해
젖은 화폭에
붉은 향을 게운다.

폭포, 사계四季를 품다

바람이 귀를 열어 먼 소리 불러 오면
걸어 둔 긴 옥양목 잔설 다 거두나니
막혔던 소리가 터져 산문을 열고 있다.

구름도 물이 들어 먹빛 옷을 씻는 우기
수밀도 찰진 암내 터져 흐른 계곡 사이
하늘로 솟아오르는 흰 뼈가 시퍼렇다.

숯불 놓듯 타고 있다, 풋색 잃은 산허리
오방색 무지개가 발효된 채 걸려 있는
가을 산 가득한 소리, 물빛이 참 곱다.

막힌 혈穴 뚫던 사내 등이 굽어 엉겨 있다.
한겨울 열꽃 핀 옥문 천둥친 욕망으로
밖에서 안으로 피는 흰 타래 꽃, 층층 늘어진

겨울 폭포

뚝 끊어진 흰 물길이 두 발을 잡아끌었다.
키를 낮춘 풀잎들이 속이 비어 울던 날
처음엔 산의 울음을 가슴에 품지 못했다.

사람의 마음 하나 얻지 못한 아픔처럼
막혔다 터진 절규 비상하는 물줄기
빛바랜 무명천 하나 무지개를 걸었다.

한겨울 휑한 눈빛 깊어진 산맥들이
물속의 그림자를 건져내는 저녁 무렵
묵었던 내 안의 울음 하얗게 풀었다.

찰옥수수

어린아이 젖니 몇 개 군데군데 빠져 있듯
투명한 비닐봉지 열댓 묶음 찰옥수수
오일장 가장자리의 한 축에 끼여 있다.

옥빛 도는 수염 끝이 갈색으로 변할 때쯤
위에서 아래로 돌리며 젖히면 따진다는
경험의 할머니 농법農法 놀랍고도 신기할 뿐

눈 맛 따라 팔려 나갈 할머니 땀의 열매
질겅질겅 껌 씹으며 흥정하던 젊은 여자가
구겨진 지폐 세 장을 던지듯이 건넨다.

수목장

산에 오르자 산이 제 발로 내려오고 있었다.
정상으로 길을 내던 바람이 비켜서서
굳은 몸 통성으로 푼 폭포수를 보고 있다.

나무의 그림자가 키를 한껏 낮춘 오후
풀잎은 풀잎끼리 마른 가슴 비비는데
언 발목 시린 노루가 굴피 집을 엿본다.

나는 안다, 산이 쉽게 그늘에 젖은 이유
층층이 누워 있는 아버지에 그 아버지
허연 뼈 묻어도 좋을 소나무 밑 때문이다.

숫감나무

감꽃 지자 유두 같은 빈 꼭지만 붙어 있다.
산수유 듯 노릇노릇 햇발이 익어가는
늦은 봄 젖몸살 앓은 누이를 생각한다.

한 줄금 들치는 비 갈증에 목이 타듯
숫내음만 피워댄다, 시커멓게 속이 타서
부름켜 탱탱한 눈이 꽈리처럼 부풀었다.

씨 하나 떨구지 못한 등 굽은 숫감나무
연둣빛 이파리가 그물망을 펴는데도
그 흔한 계집년 하나 쉬어가지 않는다.

송판 도마

누가 버렸을까, 성한 곳 없는 도마
무심코 바라보다 가슴 한쪽 아려 왔다.
말없이
요양병원으로 간
옆집 할배 생각나서

가던 길 멈추고 남 몰래 주어다가
대패 한 채 불러 묵은 살 벗겨내고
흰 속살 드러난 곳에
풍죽風竹 심고 시를 팠다.

액자처럼, 거실 벽에 걸어 둔 서각書刻 한 점
가끔씩 아침 열던 도마 위 칼질 소리가
깊은 밤
달이 뜰 때면
맑고 깊게 들려 왔다.

토요시장

서로 한우라 우기는 푸줏간을 조금 지나
숙이네 반찬 집 건너 비릿한 젓갈 가게
사람이 굴 더덕처럼 덕지덕지 붙어 있다.

옹골지게 속이 꽉 찬 해풍 맞은 배추들이
어깨동무 시위하는
정남진 토요시장*
알싸한
알타리무가
잔뜩 풀이 죽어 있다.

* 전남 장흥에 있는 시장으로 토요일마다 열린다. 한우 머릿수가 군민보다 더 많고 삼합(한우, 키조개, 표고버섯)이 유명하다.

무화과꽃

바람이 팔을 걷고 팔손이 같은 잎을 들췄다.

어린애 조막손이 그 속에 숨어 있었다.

연분홍
국수발 꽃술,
우유 속에 풀어 놓은

꽃은 분명 꽃이었다, 익어야 벌어지는

가랑이 벌려 놓은 깊은 산 옥문처럼

조그만
우주 하나가
거기, 숨어 있었다.

시월 끝동

발 시린 오리나무 샛강 건넌 배경으로
은어 떼 바다로 가는 시월 끝동 조금 지나
먼 하늘 툭툭 튀는 빛 흑점으로 박힌다.

세상에 변치 않은 것이 어디 하나 없으랴.
묵은 때 벗겨내는 목간통 즐거움처럼
핏물 밴 마지막 가을, 그 뒤태가 참 곱다.

그 곳에 가고 싶다
— 어서리*

어서 오라는 곳, 그 곳에 가고 싶다.
길을 따라 휘어진 동구 밖 가죽나무
새터미 가로지르는 물소리도 맑겠다.

병풍처럼 대숲이 빙 둘러 쳐진 동네
함부로 넘보지 마라, 앞을 막고 서 있는
조산朝山의 학 울음소리 솔바람에 물들겠다.

어린 시절 그 기억들 지워지면 어쩔거나.
돌아가고 싶어도 갈 수 없는 어머니 땅
사랑채 동백나무가 불을 켜고 기다리는

* 저자의 고향.

각刻을 하며

전각篆刻* 1

긁어서 부스럼 낸 그런 우愚 범치 않기 위해
점 위에 점을 찍듯 몇 날을 세운 칼날
마음의 흐름에 따라 푸른 혼을 심는다.

지우개에 새겨 넣던 익명의 새 한 마리
날개도 펴지 못한 채 떨어져 누워 버린…
접어 둔 기억 하나가 날개를 펴고 있다.

오창석吳昌碩 인보첩印譜帖을 뒤적이다 든 잠자리
격자格子 무늬 천정 벽지 낙관落款**으로 보이느니
두 다리 펴지 못한 채, 나는 이미 갇혀 있다.

* 서화 등의 낙관에 쓰이는 도장에 전서를 새기는 것을 말한다.
** 글씨나 그림을 완성한 뒤에 저자의 이름, 그린 장소, 제작 연월일 등을 적어 넣고 도장을 찍는 것을 '낙성관지落成款識'라 하는데, 이를 줄여서 낙관이라 한다.

전각篆刻 2
― 두인頭印*

한시도 가만히 있지 못한 나를 위해
한가할 한閑 자를 전사하여 뉘여 놓고
스승은
글자를 떠서
석축 치고 가두었다.

장방형 좁은 공간 백문인白文印** 불을 켠다.
빛도 감히 근접 못한
캄캄한 어두움 속
인주 밥
화안한 둘레,
미간 사이 곤지 같은

* 서화 폭의 우측 상단에 찍은 낙관.
** 음각으로 새긴 전각으로 글자가 희어서 백문인이라 한다.

전각篆刻 3
― 유인遊印*

부랄 전등 아래서 늦둥이 하나 만든다.
그래, 있어도 그만 없어서는 더욱 안 될
흰 여백 허전함을 위하여
붉은 뼈를 심는다.

* 화면의 허전한 부분에 찍은 낙관. 문구는 자유롭게 표현한다.

전각篆刻 4
— 초형인肖刑印*

이름 없는 민화 두 폭 색 바랜 대련對聯 속에서
아침마다 뻐끔거리는 소리가 들린다.
낙관 속 갇혀 산 잉어, 다 해어진 주둥이

흐르는 물에 낙관은 띄우지 않는 법이거늘
어찌하여 풀었는가, 텅 비어 가득한 물에
잉어의 빨간 여벌 옷 삭아 내려 누렇다.

* 글자가 아닌 도형을 새긴 낙관.

전각篆刻 5
― 성명인姓名印*

문초하듯, 옥석 하나 각 틀에 묶어 놓고
바탕은 그대로 두고 글자만 떠냈는데
찍으면 이상하게도 음각이 양각 된다.
양각이 음각 되고 음각이 양각 되듯
이 세상 모든 것이 몸 바꿔 살아 봤으면…
네모 속 갇힌 자리가 꽃밭이면 더 좋겠다.

* 자신의 이름을 새긴 낙관. 찍었을 때 흰색 글씨가 되는 음각은
백문인白文印라 하여 글씨 부분을 새겨 넣는 것이다.

전각篆刻 6
— 아호인雅號印*

밀 칼로 바닥을 뜨다 한 획쯤 덜어내도
때로는 파자破字가 신선할 때가 더러 있다.
필획이 부리는 어울림, 조형감각 때문이다.

화장기 없는 여자 민낯 같은 푸석돌에
전서篆書 몇 자 올린 일은 모래 위 집짓긴데
그 곳엔 생명을 넣는 화타가 살고 있다.

남도 답사 1번지 청자골에 다시 가서
돌마다 다순 온기 불어 넣는 석헌石軒**을 만나
비백도 살아서 숨 쉰 붉은 낙관 보고 싶다.

* 자신의 호를 새긴 낙관.
** 서예가이자 전각가인 홍순만 선생의 호. 저자의 전각 스승이
기도 하다.

전각篆刻 7
― 수장인收藏印*

추사의 불이선란도不二禪蘭圖 속 십여 개 묻은 뼈
내 것처럼 돌려 보며 지문 찍듯 꾹꾹 누른
선비의 파리한 손등 붉은 핏줄 또렷하다.

* 서적이나 회화 등의 소유자가 찍은 낙관.

전각篆刻 8
— 길어인吉語印*

돌만 보면 칼끝도 퍼렇게 눈을 뜬다.
명경 같은 물 위에 원앙 한 쌍 풀어 놓고
밖으로 나아가기 전 사방에 울을 친다.

물집 터진 손끝에서 혈맥이 뛰는 돌도
기하학적 음·양각에 맞물려 돌아간다.
또렷한 수레 차 문양 찍어내는 탁본 한 장

겨울날 산책 같은 단조로운 인생길
정해진 동선만을 걸어 온 외고집에
눈감고 허공에 나는 새도 잡아 가둔다.

* 장수나 축복 등 상서로운 내용을 표현하는 문자나 길상에 해당한 동물을 돌이나 나무에 새겨 넣는 낙관.

전각篆刻 9
— 사령인四靈印*

칼날이 닿는 곳은 생명이 살아난다.
비어 있는 공간에 바람 소리 옮겨 놓자
울 밖을 나선 소나무 뿌리 불끈 세운다.

청룡이며 주작을 음각으로 밀어 넣는
손끝의 매운 맛을 찬 돌 속에 묻는다.
갇혀서 더욱 빛나는 이름 석 자, 푸르른

---

* 성명인의 외곽에 기린, 거북, 주작, 청룡, 백호 등 문양을 새긴 전각. 장수나 축복 등 상서로운 내용을 표현하는 문자나 길상에 해당한 동물을 돌이나 나무에 새겨 넣는 낙관.

전각篆刻 10

한눈을 팔거나 밭은 기침 할 수 없다.
인도印刀 한 번 스치면 모든 것이 끝나는 것
옥석 위 한 치의 공간
꽃도 피고 나비 날고

소나무 옹이 박히듯 헛살 돋은 손끝에서
모가지 길게 빼고 날아오른 새 한 마리
물고기
물고 흔드는
물소리가 말갛다.

반쯤 벙글 흰 연꽃 씨방 속 푸른 향이
바람처럼 수면 위를 찰방찰방 적시는데
서녘의 하늘 안쪽에 까치놀이 타고 있다.

각刻*을 하며 1
— 대패질

"사선으로 밀어야지, 힘으론 안 되는 거."
이 빠진 바리캉처럼 머리털 파다 두면
나무판 새겨질 글자 먹피 고여 썩는다.

머리 치면 빠지고 밑을 치면 박히는 날
참나무 늘배 타고 당기고 밀다 보면
가끔씩 개펄 바닥 같이 물고 가다 늘어진다.

사십 년 대패 밥을 먹어도 겁이 난다.
용목龍目** 무늬 바라보면 수전증手顫症이 도지는 손
얼마쯤 공덕을 쌓아야 달궁 평지 이룰까.

* 나무나 돌에 글씨나 그림 따위를 날카로운 도구로 파서 나타낸다.
** 귀목나무 무늬가 마치 수많은 용들이 꿈틀거리며 엉켜 있는 듯 해 붙여진 이름으로 아주 화려하다. 수십 년 대패질을 한 목수도 나무 바닥을 고르게 다듬기 어렵다.

각刻을 하며 2
— 사포처리

"두 손에 힘을 빼고 결대로 문질러라."
"나무는 손을 타야 온기 배어 따숩다."
잊었던 스승의 말씀 꿈속인 듯 선명하다.

화상에 덧난 옹이 새살이 돋을 때까지
한 꺼풀씩 걷어 내는 넉넉한 마음으로
세상사 시끄러움도 함께 담아 문지른다.

각刻을 하며 3
— 메우기

덧바르다 터져 버린 숭례문 단청 같이
웃으면 빠져나올 저 마마 자국 메우기
막힌 혈穴 누운 글자는 칼침이 약이다.

깨지고 떨어진 양각 민어民魚의 부레풀보다
값싸고 손이 덜 간 오공 본드로 붙인다.
전통을 계승할 각자장刻字匠, 모두 손을 놓고

글씨의 흐름을 막으면 칼끝이 획을 친다.
상처가 아물어도 도장 찍 듯 남은 흉터
제 살로 삽신揷瞖을 하여 감쪽같이 메운다.

각刻을 하며 4

때깔 좋고 결 고운 귀목 한 판 업어 와서
마음을 다 비운다, 면벽하던 달마처럼
살아서 꿈틀대던 글자 뿌리째 심기 위해

벼락 맞은 대추나무 이름 석 자 새겨 넣듯
화선지 보얀 속살, 여백과 먹물 사이
칼끝이 접신한 순간, 비백에도 피가 돈다.

몇 날의 시름 끝에 예서隸書* 몇 자 또렷하다.
사방에 울을 치고 곧은 뼈 세우느니
무녀의 끌리는 손맛, 창칼이 먼저 안다.

* 한자 서체의 종류 중 하나. 소전을 직선적으로 간략화한 것으로서 하급 관리인 도례徒隸 사이에서 사용되었기 때문에 예서라 부르고 있다.

각刻을 하며 5

산문 밖에 내다 걸 현판懸板과 씨름한다.
예서 몇 자 집자集字하여 풀 먹여 얹혀 놓고
노루발 큰 장도리로 무쇠 칼등 내리친다.

매섭게 돌던 칼끝 제자리에 멈춰 섰다.
한국화의 갈필渴筆 같은 비백이 지뢰밭이다.
아무리 갈 길 바빠도 한숨 돌려 앉힌다.

결 고운 나무 판에 홀려서 살던 세월
오감이 무디어도 육감은 날을 세워*
언제나 돋보기 너머 글자 옮겨 심는다.

* 광고 문구 인용.

3부

부끄러운 손

지팡이

무심코 손에 쥐어든 박달나무 막대 하나
어머니가 두고 가신 늙은 발이었다.
한세상 굴곡진 길을 평발로 걸어오신

앞발이 이끈 대로 따라 나선 뒷발처럼
늙으면 지팡이도 의지하는 몸인 것을
불혹의 고갯길에서 발이 먼저 알고 있다.

동짓달 찬바람이 나이테를 감는 밤
발목이 붉은 박새 볼에 묻은 흰 점처럼
어머니 놋대접 사랑, 길을 환히 열고 있다.

부끄러운 손

아들 녀석 출근길에 따라 나설 구두 한 켤레
고달픈 생애만큼 검은 주름살이 깊다.
지난 날
아들놈처럼
나도 구두를 닦는다.

사람이 늙으면 어린애가 된다고 했던가.
잘 닦인 구두를 신고 고개 숙여 돌아 선
아들놈 뒤통수에다 손을 가만 내민다.

수문리* 이발관

티브이에서 본 70년대 이발관을 찾아 갔다.
분명히 누군가를 붙들 세월임을 알기에
반백의 머리털 본다, 빗자루에 끌려갈

연못 속 제 그림자 펼쳐 놓은 연잎처럼
지나간 세월 하나 지우지도 못한 사내
잎 지고 꽃 진 나무로
먼 바다만 바라보는…

뱃전에 부서지는 흰 포말 몸이 짜다.
시간을 잘게 다듬던 가위 소리 정정한데
앞섬을 긋던 눈발이 흐린 물에 몸 담근다.

* 전남 장흥군 안양면에 소재한 바닷가 작은 마을. 수문해수욕장이 있으며, 키조개 산지로 유명하다.

조개탕

돌확에 빡빡 문질러 해감 뒤 끓인 탕, 안
모두 다 약속한 듯 입을 방긋 열었는데
나이테 흐릿한 조개
입을 굳게 다물었다.

주리 틀 듯 수저 끝으로 다문 입을 열었다
흙탕물 풀어 놓고 도망가는 미꾸라지처럼
개펄을
왈칵 토했다.
오, 짭조름한 넘지바다*

모임에 나가 보면 꼭 초 치는 사람 있듯,
다 먹은 국물에다 어깃장을 놓는 심보
그래도 빈 가슴에다 푸른 바다 담고 싶다.

* 전남 장흥에 있는 '여자만汝自灣'의 별칭.

쇠똥구리 마을

한겨울 눈 내려도 산허리는 늘 붉었다.
서슬 퍼런 인공 시절 피 뿌림의 흔적처럼
운주리*
지키던 나무
풀려 버린 나이테

밭을 빌려 씨를 뿌린 나이 찬 사내들이
피부색 다른 아이를 품에 앉고 살아가는
부용산 대숲 아래엔
쇠똥구리만 남아 있다.

바람 한 점 없어도
억새 혼자 취하는 곳
개똥벌레 퍼런 불빛 가라앉은 저수지 밑
무겁게 앉은 산봉이 깨어 있어 서럽다.

* 전남 장흥군 용산면 부용산 아래 있는 친환경 마을.

다리미, 길을 내다

아내는 두 갈래 길을 또 내고 말았다.
지름길을 묻어 두고 새 길을 내는 동안
절절히 바짓가랑이 뜨거움에 끓었으리.

옷마다 탁본 뜨듯 구겨 놓은 미쁜 아내
뱃살 흰 다리미에 화살 촉 돌려놓고
자신의 무딘 손끝을 결코 탓하지 않는다.

세탁소로 달려가는 옆집의 새댁보다
절약이 몸에 배인 아내가 더 예쁘다.
새로 난 두 갈래의 길, 길을 찾아 나선다.

생가

몸을 부린 콩깍지가 톡 톡 튀는 정오쯤
발목 꼬인 깻단이 흰 별들을 쏟고 있다.
가만히 내려친 매도 쏴아쏴아 소리 내고

어릴 적 나를 키운 육간 접집 그 와가瓦家
하루에 한 번씩 햇살만 들여다 본,
우물 옆 꽃밭 속에서 봉숭아 씨 톡 터진다

탯줄을 묻던 흙이 짓물러 터진 뒤란
기도하듯, 엎드린 장독대의 항아리들
등 굽은
어머니 모습,
흰 치마가 선하다.

겨울 빨래터

1
세상 이치 돌아가는 이야기 안주 삼아
미운 년 잘근잘근 씹어야 살 맛 난다는
순이네 걸쭉한 입담 얼음판을 녹였다.

때 찌든 옷일수록 방망이로 꽝꽝 쳐서
끝단부터 조물조물 비벼야 희어진다는
어머니 뼈 있는 조언, 곱은 손도 풀렸다.

2
밥 한 끼 먹는 것조차 이제 일이 되어 버린
어머니, 묵은 옷은 세탁기로 돌리세요.
마음 속 때까지 씻는 그런 손은 없어요.

어머니 말 7

할머니께 물려받은 50년의 내공 솜씨
메주도 알아서 제 모습을 만든다는
어머니 뜻 모른 말씀, 불혹에야 알았다.

혼자서 말을 익숙하게 주고받은 노모처럼
거꾸로 매단 메주가
각을 세워 말을 한다.

온 집안
들쑤신 냄새,

코
평수를
늘
리
는

어머니 말 8

새태미 곰보 아제 또 몽니 부리고 있나 부다.

어디서 모주 몇 잔 먹었는지, 홍당무 얼굴로 무논둑 방천防川나 듯 고래고래 소리지른 것을 보면… 살짝 얼근 곰보, 그 자국마다 귄이 좌아 짝 흐른다던 생전 어머니 말씀, "내가 시집 와서 저 놈 코빼기를 봤을 땐 눈도 못 뜨고 꿈지락거리는 모양새가 영락없이 문쥐 새끼였어, 타성他姓으로 자자일촌에 들어와 쉰에 금쪽같은 늦둥이를 얻었는디, 지지리도 박복하게 에미 잃고 미운 일곱 살에 지 애비마저 잃자, 이 집 저 집 떠돌아다니며 눈칫밥만 얻어먹고 똘 것으로 자라다 본께 저렇코롬 변해분 것이여. 누굴 탓할 일 아니랑께. 모두 우리 탓이제, 생각 좀 혀 봐, 누구 하나 저 짠한 놈 제 새끼처럼 가슴으로 꼭 품어 준 사람 얼매나 되남."

가끔씩 동네를 뒤집는 것도 지난날 그 한풀이여.

장마

또 다시 낙하를 위해 기포처럼 일어선다.
강물에 제 몸집을 불리는 구름처럼
땅 속에 흐르는 물도 윤회輪回를 꿈꾼다.

산그늘 벗겨내려 쑥물 가득 넘치는 길
발자국 다 지우고 바다로 향하느니
하늘 땅 한 몸이 되는 첫날 밤 합궁 같은

중동이 부러진 나무 쓰레기만 만장이다.
두 발 들고 뛰어내린 한풀 꺾인 빗방울이
둥그런 토란잎 위에 말간 사리로 떠 있다.

4부

아름다운 동행

봄날

벚꽃이 낭자하게 핀 대원사 가는 길

등 굽은 산맥들이 강물처럼 동행했다.

철지난
겨울 속으로
모여드는 흰 발자국

골목길

싸락눈 내려앉은 낯선 마을 안쪽

울퉁불퉁 하지정맥 앓고 있는 골목길이

곰삭은 새끼줄 같다,

풀어져 흘러내린

이상한 질병

교회의 십자가 밑 비둘기가 모여 있다.

가장 안전한 곳을 물어 찾아 예 왔으리.

해마다
반복된 AI,

이단 목사 설교 같은

아름다운 동행

짐승도
오래 살면
곧은 뿔이 말린다.

사람도
늙어 가면
몸도 따라 둥그러져,

유모차
아름다운 동행,

발이 되어 앞서 간

가을 풍경 1

은어 떼 죽은 소문
무성한 10월 강,
하下

밀물과 썰물이
숨 가쁘게 몸을 섞는

개펄 위
비릿한 기포
꽃게들이 물고 간다.

가을 풍경 2

갈라진 손바닥 한쪽 스멀스멀 기어가는

등 굽은 강아지풀
풀물 지운 숭어리

돌 멍게
흰 속살 같은,

햇살 두엇 톡 터진다.

소등섬

수평선 경계를 지우는 파도처럼

지난여름 사람들의 흔적을 묻고 있는

소등섬* 하얀 백사장 발이 퉁퉁 불어 있다.

* 영화 〈축제〉의 배경이 된 전남 장흥군 용산면에 있는 조그마한 섬. 자연산 굴이 유명하다.

금연구역

교사校舍 뒤편 절개지
90도의 시멘트 옹벽

갯바닥 게 구멍 같이 숭숭 뚫린 배수구에서

빠끔히
내다 본 꽁초,

늘 간힘이 두렵다.

누드 김밥

속이 말간 밥알들이 보석처럼 박혀 있다,

씹으면 찰옥수수 풋풋한 알갱이 같은

사람도

뒤집어 놓으면

어떤 모양이 될까

탐진강 소견

하류 물이
상류 물을
끄집어 내리는 곳

허연 물뿌리를 뽑고 있는 사람들이

해질녘
늙은 강폭에
붉은 노을 풀고 있다.

눈길

세월의 행간을 접어두고 나서는 길

고여도 썩지 않은
봉래 습지
백련白蓮처럼

눈 속에
박힌 돌 하나,

배꼽인 양 까맣다.

무너진 돌다리

세월의 뒤틀림에 살점 다 덜어내고
쩌 누른 하중으로 서로를 받쳐주던
화강암
중간 숙주宿住가
잡은 손을 놓았다.

봄산

십 년 전
고향 가며
두 눈에 넣어 둔
산

민둥산에 서너 그루
벚꽃 만발하더니만

온 산을
다 먹었구나,
왜놈의
그
근성으로

깊은 산에 들며

더덕 향에 홀려서 산속 깊이 빠져들다
자꾸만 내가 나를 버린 것만 같아서
이마가 닿은 산세에
절을 한다,
꾸벅
꾸
벅

환한 목련

폭삭, 늙은 먹감나무
가슴을 열었습니다.

인공 때 잃어버린
의제毅齊*의
묵화 한 폭

그 속에 숨어 있었습니다.
환한 봄날
목련꽃

* 허백련. 근대 6대 한국화가.

5부

참깨를 털며

무밭을 지나며

잘난 놈은 매장해도 잘만 살아가는데
실한 놈만 골라 내 뽑혀 나간 조선 청무
한 시절 세 들어 살던 산밭치가 그립다.

허기진 흰 몸집을 불리던 그 빈자리
바람이 손을 뻗어 아픈 흔적 지워도
겹겹이 주름진 고랑, 정맥처럼 퍼렇다.

서둘러 산그늘이 숲으로 돌아갈 때
울 엄니 땀방울을 무게로 재고 있던
저자 길 아낙의 손끝 원망한 적 있었다.

참깨를 털며

차일처럼 산 그림자 밭머리 덮을 무렵
허공에 머리를 띄운 발목 묶인 깻단들이
내려친 대나무 매에 꾸욱 다문 입을 연다.

앙상한 어머니의 갈퀴손을 보고 있다.
오디 빛 눈물 같은 저승 꽃 대여섯 점
팽팽한 생의 저울추, 한쪽으로 기우는

층층이 몸을 포갠 산 다랑 밭뙈기처럼
가진 것 다 내주고 몸도 따라 말리는,
어머니 월남치마에 꽃노을이 번진다.

난초에게 미안하다

죽지 못해 살고 있는 아파트 좁은 공간
눈 먼 욕심 하나 채우고자 하는 짓이
너무도 죄스러워서 미안하다, 난초에게

아스란 난 대 위 허공에 둥둥 떠서
물 젖은 빨래와 이웃하고 사는 나날
운암산 푸른 바람에 어질어질 멀미한다.

집에서 키운 일이 죄 되는 줄 알면서도
차마 놓지도 못한 부질없는 어리석음
아내는 눈치를 보며 산으로 보내자 한다.

호스피스, 병동

이미 내일이면 늦다는 것을 알기에
오늘이 더 소중한 절박한 이유입니다.
익숙한
이별이라도
언제나 낯이 설고…

늙은 수탉 벼슬 같은 색 바랜 맨드라미꽃
검은 씨를 꾸역꾸역 토해내는 정오쯤
노오란
나비 한 마리
비틀비틀 날아갑니다.

가을 적벽 2

1
산이 내려 앉아 있었다, 퍼런 물 흐르는 강
버섯 같은 구름집이 분명 한 채 있었는데
산천어 두어 마리만 산등성을 오르고

솔방울이 성게처럼 헤엄치는 물밑에서
계곡의 하얀 돌이 산새의 알이 되어
늦가을 바위 아래서 부화하고 있었다.

2
온기마저 놓아버린 구절초 마른 꽃대
찬바람 불 적마다 허물 벗듯 흔들리는
가을 산 젖은 눈빛을 물 위에다 띄운다.

바다 그리고 기름

1
마른 대쪽 후려치듯
더 모진 응징으로

뱃놈의 오기처럼
검은 눈물 몰고 오는

저 바다
반역을 보라,
노을처럼 피 튀긴다.

저녁만큼 캄캄한
밑뿌리 환한 절망

뒤돌아 본 뒤에야
후회하는 버릇으로

우리는
울어야 한다,

스스로 원망하며

제 울음 쓸어 담는
백사장 넓은 가슴

바람 끝에 날을 세운
갈대도 무너졌느니

사릿날
절망한 꿈도
저리 접고 순하다.

한겨울 태안* 앞 섬
인꽃人花 피어 그득하다.

하나의 손이 모여
천이 되고
만이 되는

시꺼먼
기름띠 안쪽
아직 햇살 퍼렇다.

2
지금도 불감증에
툭 하면 터지는…

멍들어 퍼런 바다
눈으로 밀어낼 때

쌍끌이
중국 어선이
고기 씨를 말린다.

* 2007년 12월 7일에 충남 태안 앞바다에 홍콩 선적 유조선 허베이 스피릿호와 삼성물산 소속 삼성 1호가 충돌하면서 12,547킬로리터(78,918배럴) 원유를 태안 인근 해역으로 유출한 사고. 9천여 명의 인원이 기름 제거 봉사에 투입되었지만 양식장 및 어장 등 8천여 헥타르가 오염되었고 철새 도래지 천수만까지 위협했다.

소등섬, 노을을 만나다

잘 닦인 틀니 같은 몽돌 해안 따라 나와
고개 숙여 안부 묻는 비릿한 쪽빛 바람
돌담장 소금꽃 피어 핏빛 울음 낭자하다.

몸 낮춘 갈매기도 떼 지어 날고 있는
장님도 눈이 부신 바다는 붉은 화폭
먼 하늘 아득한 공간 지는 해가 낙관 같다.

대목수가 튕겨 놓은 시퍼런 먹줄 위로
예인선 끌려오듯 허연 달이 떠오르고
포구로 서둘러 온 배, 잔불 속에 타고 있다.

분재 1

철사 줄에 몸이 묶인
나배기 철쭉 한 그루
수상하다, 많은 꽃을
한꺼번에 피운 것은
죽음을
본능적으로
예감하기 때문일까.

꽃과 잎이 교차해 핀 꽃무릇 악연처럼
꽃 지자 잎을 피운다,
익숙한 속임수로

마지막
진액을 짜는
아름다운 저 본능.

분재 2

더 이상 뻗을 데 없는 관절마저 꺾인 뿌리
원망이 깊으면 몇 길 파랑波浪으로 굽어질까.
산등선 내린 쪽으로 맑은 소리 귀를 연다.

여름이 비워내는 땡볕에 몸 담근다.
무릎 꿇고 기도하는 늙은 성자처럼
저 혼자 웅크린 모습, 그림자도 뜨겁다.

발목에 못질 한 채 죽지 못해 사는 나무
저항하듯 뻗은 가지 허공에 띄운 풍경을
아찔한 베란다 턱에 방향 바꿔 앉힌다.

오랜 만남
— 제자 박상희

이십여 년 만에 잊고 있던 제자를 만났다.
제법 중년 티가 몸에 배인 사십대
십대의 앳된 얼굴이 그 속에 숨어 있었다.

그는 허술한 봄바람처럼 경계를 풀었다.
파르르 수묵화 벌듯 접힌 마음도 펴고
허연 이㘃 드러내 웃는 모습이 참 고왔다.

꽃비 내린 풍경처럼 그늘마저 환한 가을
손바닥 가득 약을 목구멍에 털어 넣고
이렇게 살아 있음에 고통마저 행복했다.

멍 때리기

한동안 절필하며 스스로를 가두었다.
가만히 앉아 있거나 누워서 천장 보기
넋 나간 사람이 되어 멍하니 있었다.

때 없이 떠 있는 희멀건 낮달처럼
물결치면 치는 대로 바다를 표류하는
돛 없는 멍텅구리 배, 그게 바로 나였다.

아무 생각 없이 어둠 속에 빠져 있듯,
닥종이 흰 전지처럼 머릿속 다 비우기
너무도 넓은 세상에 나는 한 알 모래였다.

수취인, 이한성

구겨지고 찢어진 봉투 속 시집 한 권
집배원 등에 업혀 바뀐 주소 찾아 왔을,
길 잃은 자식 같아서 가슴으로 꼭 품는다.

낯모른 무명 시인 시편에 흠뻑 취해
바보처럼 나는 왜 이리도 즐거워하는가
늦은 밤 시를 읽는다.
달달한 살냄새 난다.

■해설

단단한 뼈, 사물 간의 대립 또는 통합의 시학

노창수

시인·문학평론가

I. 들어가는 말

흔히 아는 것처럼, 시인이란 자기 내부에 숨 쉬고 있는 잠재된 것만을 끌어내는 것은 아니다. 오히려 시적 대상인 사물 간의 통합과 동의의 의식, 그리고 대립과 갈등의 의식이 계기화 되고부터 시적 영감靈感이 더 적극적으로 작동될 때가 많다. 대부분 시인의 공통 사안일 법한 이 시는 자연발생적 착상으로 비집고 나와 시 스스로를 유도한다고 할 수 있다.

이를 두고 미국의 대중적 시인 롱펠로Henry Wordsworth Longfellow, 1807~1887는 "시는 개인의 심리와 영감에서 출발하여 스스로 탄생되는 것"이라 한 바 있다. 이는 사물 간의 통합과 대립적 의식이 곧 시의 모티프가 됨을 강조한 말이겠다.

이한성의 시조를 읽으면, 우선 대상의 '갈등'과 '대립', 그리고 '통합'에 대한 강한 시 의식을 접할 수 있다. 그는 이 같은 대상의 갈등과 상징화를 통해 사물에 대한 포용과 지평을 넓혀가고 있는 중견시인이다. 말하자면 '갈등과 대립'을 통한 '통합'의 브랜드가 곧 이한성의 시 세계인 셈이다.

그의 주도는 흔히 다른 시인들이 대상과 자아를 통합·일치하여 쓰려는 것과는 일견 반하는 면도 있다. 그는 차별화된 '깊은 시조'를 창작하기 위해 사물간의 대립 체제로 독자의 관심을 '낯설게 하기'나 '깊이 보기'로 고조시킨다.

시인이 어떤 심리로 시를 쓰느냐에 의해 시적 정서가 독자에게 영향을 미치기 마련이다. 시인이 선정한 대상에 대하여 화자 입장이 미화적, 갈등적, 의지적임이 드러나고, 작품에서 연유되는 시풍詩風도 그에 의해 결정되는 것이다. 그러므로 이한성 시조를 분류하자면, '미화시', '갈등시', '의지시' 등으로 갈래 지을 수 있지 않을까 한다.

그는 주로 '갈등시'를 표방하나 사실 지향은 늘 '통합시'를 겨냥한다. 사물끼리의 갈등과 대립을 통해 화해로 나아가기 때문이다. 시적 내심을 체험과 병행하여 대립적 위치에서 보여줌으로써 화자가 추구하는 내부 아이러니를 재료화하기도 한다. 그가 세우는 시 뼈대는 대체로 명확한 이미지와 정격적인 운율로 장치한다.

한편 그는 기교주의技巧主義를 드러낸다. 대상에 대한 체험을 원관념이나 보조관념으로 재환류하며, 이미 나타난 사실들을 창작 동인動因에 돌려줌으로써 기존 사물과의 심리적 갈등을 부러 극명하게 노정시키기도 한다. 그런 노정은 시조미학과 독자적 자극을 구현하는 데 일조한다.

II. 사물의 대립 의식 또는 활달한 시상

그는 지금까지 여섯 권의 시조집을 냈다. 제목에 나타난 시어를 보더라도 대부분 대립적인 사물이 많다. 예를 들어, '신'과 '보름달', '뼈'와 '꿈', '작은 것'과 '아름다움', '볏짚'과 '죽음', '삶'과 '죽음', '가을'과 '적벽' 등 주로 두 사물 간의 모순적 대립상을 보여 주는 표제를 달고 있다. 사물 대립을 아픔과 화해로 가다듬는 통과적 의례에 관심이 많음을 알 수 있다.

그의 첫 시조집 『과정』(1979) 에서는 순수에의 열정과 저항정신을 보여준다. 두 번째 시조집 『신을 끄는 보름달』(1985)은 현실인식과 고뇌를 보여주고, 세 번째 시조집 『뼈만 남은 꿈 하나』(1992)에서는 미학적 표현주의의 경향을 제시하기도 한다. 나아가, 네 번째 시조집 100인선(42번)『작은 것이 아름답다』에서 보여준 신서정적 시선, 다섯 번째 시조집『볏짚, 죽어서도 산다』(2001, 한국문화예술위원회 지원)는 그 서정에 대한 융화·육화적 태도, 그리고 여섯 번째의 시조집『가을 적벽』(2005, 중앙시조 대상)에서는 사물과 사물 사이의 갈등을 넘어 화해의 세계로 나아가기를 모색한다. [대립→갈등→통합]의 길을, 서사적 체험으로 구성하는 게 그렇다.

그는 2007년 5월 작품 '지팡이'로 가람시조문학상을 수상한 후 4년간 활동을 접기도 했다. 이제 2018년, 그는 일관된 취미로 조각도와 끌을 만지는 각력刻歷만큼 일곱 번째 시조집『전각篆刻』을 상재한다.

이런 일련을 통하여, 대립의 대상에 대한 미적 완결성을 견지하는 그의 일관된 시관을 엿볼 수 있다. 백수인 교수가 그의 시조집『가을 적벽』의 발문跋文에서 언급한 것처럼 그의 시조에는 전통적 리듬이 생리적으로 배어 있다. 갈등을 내용으로 하는 그의 의식은 진보적이지만 형식과 내용은 대체로 전통주의를 지향한다.

음보의 감각은 여타의 시인들에게도 거의 책무적責務的이다. 하지만 의식을 리얼하게 이끌어 내느냐의 문제에는 한계를 드러내는 일도 많다. 하지만 이한성 시인은 형식과 내용면에서 다양하게 접근해 오는 갈등 소재들을 요소화하여 담아낸다. 이게 그가 지향하는 시조 창작의 한 모듈이다. 그의 작품 세계는 규정과 형식을 밟으면서도 서사가 자유로이 횡단한다.

감꽃 지자 유두 같은 빈 꼭지만 붙어 있다.
산수유 듯 노릇노릇 햇발이 익어가는
늦은 봄 젖몸살 앓은 누이를 생각한다.

한 줄금 들치는 비 갈증에 목이 타듯
숫내음만 피워댄다, 시커멓게 속이 타서
부름켜 탱탱한 눈이 퐈리처럼 부풀었다.

씨 하나 떨구지 못한 등 굽은 숫감나무
연둣빛 감잎들이 그물망을 펴는데도
그 흔한 계집년 하나 쉬어가지 않는다.
―「숫감나무」 전문

 마당 한 켠에 우두커니 숫감나무가 서 있다. 어쩌면 늙고 힘없는 남자의 상징일 법도 하다. 감나무는 "한 줄금 들치는 비 갈증에 목이 타듯 숫내음만 피워대"지만 속은 "시커멓게" 탄다. 결국 그 흔한 "씨 하나 떨구지 못"했으니 마음은 오죽하랴. 다른 나무들처럼 으레 봄을 맞으면 "연둣빛 잎들"을 달고 찬란한 "그물망을 펴는데" 이 숫감나무에게는 나타난 "계집년 하나" 따라 다니는 게 없으니 그는 고자인 격이다. 화자에게는 "노릇노릇 햇발이 익어가는 늦은 봄"이면 "젖몸살 앓은 누이"가

있었다. 마당의 숫감나무를 보면서 그런 누이를 생각한다. 그는 숫감나무에게도 뭔가 열리기를 기다리는 연민의 정을 느끼지만, 은근히 독자 편으로 옮겨 놓는다. 이렇게 미루어 두는 게 이한성 시조의 매력이다. 대국의 자리에서 넌짓 한 수를 둠으로써 상대의 속셈과 진행을 점치는 일과도 같다.

III. 대립적 생명의지와 그 통합 의식

이한성 시인은 전남 장흥 출생으로 1972년 제9회 《월간문학》 신인상 당선, 《시조문학》 천료로 화려하게 등단했다. 2006년 광주·전남시조시인협회 회장으로 일한 바도 있다. 대학 2학년 때부터 중앙 시조문단에 진출한 이력이라면 그의 시업은 긴 편이다. 그가 지나온 세상에다 늘 번뜩이고도 차가운 지성을 꽂아보인다. 그리고 그 차가움에 화해와 온기를 입히는 배려도 잊지 않는다. 그가 추구하는 차가움은 사실 뜨거움과 희망을 이루기 위한 전초임을 살필 수 있다.

진정한 창조정신이란 전통성의 율격에다 소재와 내용의 자유로운 바느질 보법을 택할 때 비로소 가능해진다. 이제 그가 대립적 이미지를 초·중·종장에서 어떻게 계기화契機化하고 있는지, 그리고 갈등을 어떻게 현시顯示하는지 몇 편의 작품을 통해 살펴보기로 한다.

긁어서 부스럼 낸 그런 우愚를 범치 않기 위해
점 위에 점을 찍듯 몇 날을 세운 칼날
마음의 흐름에 따라 푸른 혼을 심는다.

지우개에 새겨 넣던 익명의 새 한 마리
날개도 펴지 못한 채 떨어져 누워 버린…
접어둔 기억 하나가 날개를 펴고 있다.

오창석吳昌碩 인보첩印譜帖을 뒤적이다 든 잠자리
격자무늬 천정 벽지 낙관으로 보이느니
두 다리 펴지 못한 채 나는 이미 갇혀 있다.
―「전각篆刻 1」 전문

  그의 전각 작업은 죽은 생명을 살아 있게 할 정도로 사물에 부활 동기를 강하게 실어준다. "칼날"을 곧추 세워 "혼을 심는 듯"한 마음으로 무장한 태도에서 그런 인상을 받는다. 칼끝 조준은 무서우리만치 몰두한 각자刻者를 통해 팽팽하게 느껴온다.

  작업의 구체적 행위가 "점 위"에 다시 "점을 찍듯" 명징하다. 그 과정이 독자의 눈에까지도 초점이듯 모아진다. 시조의 전편에서 보듯 전각에 정성을 다하는 긴장이 거침없이 읽힌다. 전각篆刻을 잘못하면 화자가 우려한 것처럼 자칫 "긁어서 부스럼"을 내는 우를 범하게 된다. 작품을 망쳐지고 마음의 상처도 입는다.

그의 시조에선 생명의지가 이렇듯 뜨겁게 부활한다. 이미 갇힌 과거의 "새"는 날개도 펴지 못하지만, "인보첩"의 전각을 통하여 다시 날개를 퍼덕이도록 살린다. 노력과 솜씨를 넘은 집념에 의해서만이 그게 가능하리라. 부활의 생명을 구현하는 것, 전각이 단순히 글자와 그림을 도장에 새기는 작업만을 지칭하는 게 아님을 알 수 있다. 상징하는 바, 전각의 자세로 써야 하는 것처럼 시조 쓰기도 집중성과 정교함을 견지하는 바를 전달한다.

> 부랄 전등 아래서 늦둥이 하나 만든다.
> 그래, 있어도 그만 없어서는 더욱 안 될
> 흰 여백 허전함을 위하여
> 붉은 뼈를 심는다.
> ―「전각篆刻 3 -유인遊印」전문

세심하게 주의를 기울여야 하는 미세 과정으로서의 전각, 이는 반듯하게 세운 이마로 새겨야만 한다. 아이를 만드는 방사房事도 그런 정성을 요하리라. 그러기에 "부랄 전등 아래서 늦둥이 하나 만든다"라는 비유는 일층 돋보인다. 초장의 발랄함이 경쾌하면서도 유머로 다가온다. 집안으로 보면 "늦둥이"는 "없어서는 더욱 안 될" 귀한 놈 곧 '늦둥이=귀동이'다. 자식 없는 "허전함"을 메우기 위하여 화자는 조각도로 살을 파고 "붉은 뼈"를 심는다. 섹스를 활유적으로 사용한 예다. 여기에 단단한 "조각도"와 "붉은 뼈"를 대비시켜 중심 도구를 극적으로 변화시킨다. 고령화 된 시조단에 참신하고도 발칙한 이런 현대적 기법 전개가 필요하지 않을까.

>뚝 끊어진 물길이 두 발을 잡아끌었다.
>키를 낮춘 풀잎들이 속이 비어 울던 날
>처음엔 산의 울음을 가슴에 품지 못했다.
>
>사람의 마음 하나 얻지 못한 아픔처럼
>막혔다 터진 절규 비상하는 물줄기
>빛바랜 무명천 하나 무지개를 걸고 있다.
>
>한겨울 횅한 눈빛 깊어진 산맥들이
>물속의 그림자를 건져내는 저녁 무렵
>묵었던 내 안의 울음 하얗게 풀었다.
>―「겨울 폭포」전문

폭포는 "무명천"으로 거는 "무지개"에 비유된다. "내 안의 울음"을 "하얗게 풀"고 오랜 동안 낙하하나 그는 오로지 함묵한다. 김수영의 「폭포」, 조운의 「구룡폭포」등에서도 순간적인 압득의 장관으로 떠올려진다. 두 개의 대립상 즉 "뚝 끊어진 물길"과 "두 발을 잡아 끈"게 자동화된다. 짧게 절단된 이미지와 길고 흰 물줄기가 발의 이미지로 전환되기도 한다. "사람의 마음"과

"얻지 못한 아픔"도 사람과 폭포 간의 대립적 이미지로 읽힌다.

폭포는 속으로 간직한 사연들을 쏟아낸다. 그러기에 "키를 낮춘 풀잎들이" 차마 "속이 비어 눕던" 때를 맞추지 못하고, "산의 울음"을 차마 "가슴에 품지"도 "못했"음도 후회한다. 물은 "무지개를 걸고" 결국 자신의 "울음"을 푸게 만든다. 아픔이 서두르는 폭포만큼 솟는다. [불가능의 심상→가능의 심상→자기 현시의 심상] 등의 순으로 이미지가 점층적으로 나가는 행로를 밟는다.

> 때깔 좋고 결 고운 귀목 한 판 업어 와서
> 마음을 다 비운다, 면벽하던 달마처럼
> 살아서 꿈틀댄 글자 뿌리째 심기 위해
>
> 벼락 맞은 대추나무 이름 석 자 새겨 넣듯
> 화선지 보얀 속살, 여백과 먹물 사이
> 칼끝이 접신한 순간, 비백에도 피가 돈다.
>
> 몇 날의 시름 끝에 예서隸書 몇 자 또렷하다.
> 사방에 울을 치고 곧은 뼈 세우느니
> 무념의 끌리는 손맛, 창칼이 먼저 안다.
> ―「각刻을 하며 4」 전문

연작 시조인 「전각」과 더불어 발표한 「각을 하며 4」는 '재료의 선정-각의 작업-기능의 숙달'로 그 전개가

각刻의 순차 작업으로 이어진다. "각"의 정서를 실행적으로 표출하는 것도 그렇다. 시조에서 "때깔 좋고 결 고운 귀목 한 판 업어 와서"(재료의 선정), "칼끝에 접신한 순간 비백에도 피가 돌고"(각의 작업), "사방에 울을 치고 곧은 뼈를 세워 무념에 끌리는 손맛, 창칼이 먼저 안다"(기능의 숙달)는 분명한 차례를 적시해 견고한 작업의 특성을 요약해 보인다. 이렇듯 그의 시조는 행위가 정서의 논리와 연결되는 게 특징이 있다.

읽기 연구가 루이스 로젠블레트Louise M. Rosenblatt는 언어에 대한 기초를 독자와 텍스트 간의 '의사소통의 거래행위'로 본다. 문학은 사회적이고 심미적 가치를 동시에 가지는 예술양식이다. 그는 문학적 글(시) 읽기에서 독자의 권리와 책임 등을 강조한다. 반응 중심으로 시를 이해하는 거래이론에 터하여 인식하는 것은 곧 시를 삶의 지혜와 소득으로 거래한다는 것이다.

최근 신비평에 대체할 대안으로도 떠오르는 메커니즘이 이 거래행위라 할 수 있다. 시조를 두고 모색되는 이 거래론적 방법은 다양하고도 기능적인 최근 삶의 방법들과 소통될 수 있다. 「각을 하며」에 드러난 화자와 독자의 방향이란 나무와 칼과의 소통을 넘어 화자와 각의 공존, 각의 존엄성까지 거래로 일깨운다.

IV. 갈등과 화해의 보법

시인이 어떤 세계를 시적 지표로 삼느냐 보다는, 일상에서 시적 심리를 어떻게 구현하느냐가 더 좋은 시조를 쓰는 눈이다. 목표目標로서의 시조보다 동인動因으로서의 시조가 보다 좋다는 뜻이다.

사물의 대립 의식이 주축을 이룬 그의 다섯 번째 시조집에 나온 「술독」에서부터 7시조집 작품까지, 사물 간의 갈등적 인과가 화해적 사유를 어떻게 발현해 내고 있는지 살펴본다.

> 살아서 숨을 쉬는 항아리 속 깊은 어둠
> 뿌리째 삭은 맛을 몸 밖으로 밀어낸다.
> 죽어서 얻은 깨달음,
> 진한 술이 되느니.
>
> 사방으로 짜인 길이 비틀비틀 걷고 있다
> 괴고 삭은 웃국물이 정녕 저리 넘치는가.
> 턱 풀고 파안대소破顔大笑하는
> 하회탈을 보고 있다.
>
> ―「술독」 전문

이 작품도 예의 그 갈등의식을 각 정서의 요소에 배치한다. 중장과 종장은 이미지를 구조적으로 정돈하여

'안으로 다스리기'와 '밖으로 밀어내기'의 대립기법을 선택한다. '술독'이라는 사물 존재를 대칭적으로 배치하는 것이 그러한 예다.

(1)첫째 수에서, "뿌리째 삭은 맛"(안으로 다스리기)→"몸 밖으로 밀어냄"(밖으로 표출하기)의 관계 설정이 가능하고,

(2)둘째 수에서는, "죽어서 얻은 깨달음"(안으로 다스리기) →"진한 술이 됨"(밖으로 표출하기)

(3)셋째 수에서는 "턱 풀고 파안대소함"(안으로 다스리기) →"하회탈을 봄"(밖으로 표출하기)등으로 짝지을 수 있다.

결국 안과 밖의 조화된 이미지를 통합한다. "술독"에서 술이 빚어짐을 미화하고 있는 전형을 넘어 "파안대소하는 하회탈"을 보게 된다. 마무리가 화해의 이미지로 바뀌고 있음에 이 또한 이한성의 시표로 읽을 필요가 있다.

한겨울 눈 내려도 산허리는 늘 붉었다.
서슬 퍼런 인공 시절 피 뿌림의 흔적처럼
운주리*
지키던 나무
풀려 버린 나이테

밭을 빌려 씨를 뿌린 나이 찬 사내들이
피부색 다른 아이를 품에 앉고 살아가는
부용산 대숲 아래엔
쇠똥구리만 남아 있다.

바람 한 점 없어도
억새 혼자 취하는 곳
개똥벌레 퍼런 불빛 가라앉은 저수지 밑
무겁게 앉은 산봉이 깨어 있어 서럽다.

* 전남 장흥군 용산면 부용산 아래 있는 친환경 마을.
―「쇠똥구리 마을」전문

이 작품은 쇠똥구리 마을의 일상을 스토리텔링처럼 서묘敍描한다. 화자는 "운주리"의 역사적 애환이 깃든 삶의 터를 아낀다. 6·25를 말한 "서슬 퍼런 인공 시절"에 보았던 "피" 뿌려진 "흔적"들, 마을 사람들은 무수히 수난을 겪었으나 산천의구山川依舊로 자연은 그대로다. "눈 내려도 산허리는 붉었다"거나, 둘째 수의 농촌이 국제결혼으로 힘들게 살아가는 과정, 즉 "피부색이 다른 아이를 품고 살아가는" 다문화의 사람들을 그린다. 그리고 셋째 수에 이르러 시대가 변화된 "바람 한 점 없어도 억새 혼자 취하는 곳"에서 화자는 대립 의식을 세우고 있다.

이 시조에는 쇠똥구리 마을의 역사적 애환이 함축되

어 있다. 피폐한 시대를 거쳐 결국 헐벗은 농촌으로 몰락하기까지 마을의 부조화를 다룬다.

마지막 셋째 수의 종장에서, 문득 "불빛"이 "가라앉은 저수지 밑", "무겁게 앉은 신봉이 깨어 있어" 더욱 착잡한 감상을 갖는다. 그러나 화자는 이러한 부조화를 넘어 차츰 해탈과 화해의 세계로 접어드는 정서를 찾는다. 이게 통합을 시도하는 미덕이다.

V. 나오는 말

이상에서, 이한성 시인의 대립적 사물관이 그의 체험과 연메되어 통합의 길로 가는 면면들을 살폈다. 대립을 넘어 통합을 주도하는 것을 계기로 추구하는 저항과 대립 이미지의 활달함이 현대시조계를 부단히 고무시키기를 바란다. 시인이 부러 시조를 의도적으로만 쓰면 이미 자연스러운 시조는 아니다. 현상에 대한 독창적인 갈등이 자연발생적으로 노래되어 우리의 가슴을 비집고 들어올 때 비로소 시조는 한 식구가 되는 것이다.

서정적 자아로 시조의 주체는 세계와 시적 자아에 의하여 서로 통합하게 된다. 이 같은 상황을 에밀 슈타이거E. Staiger, 1908~1987는 서정성에 동화되는 과거 정서에 '회감 回感, Erinnerurg'이라는 말로 장치화한 바 있다. 세계와 자아가 자기정조 안에서 융합 작용을 한다는 뜻이다.

이제 그의 시조는 물 오른 마로니에처럼 가지와 잎새를 한창 피우고 있는 중이다. 스토리의 기교주의를 표방한 작품, 그리고 각刻처럼 공들인 삶의 간절한 시조들이 철학적 사유를 한 차원 높여 주는데 이바지할 것으로 예측된다.

문화적 향수의 세대를 바꾸어 가는 독자에게 시조는 정서의 반복성反復性과 대체성代替性을 드러낸다. 이 정서의 반복성과 대체성은 이미 한 시기를 이룬 시조시인들에게서 많이 목격되는 기법이었다. 그러나 대립의식에 의한 시적 변화를 독창적으로 성취시키려는 시인은 그리 흔치 않다.

이러한 갈등률葛藤律과 대립률對立律의 기법을 시조 창작에 접목하여 명징한 작품성에 도달할 수 있기를 바란다. 이한성 시인을 비롯하여 제3의 시인들이 새 변용을 주도하는 시조판을 다시 짜는 분위기를 기대한다.

이한성 | 전남 장흥 출생. 장흥중, 조대부고, 조선대학교 사범대학 국어교육과 졸업. 1972년 대학교 2학년 재학 중 ≪월간문학≫ 신인상 당선으로 등단. 중앙시조대상, 가람시조문학상 수상. 광주시인협회 초대 사무국장, 광주·전남 시조시인협회 회장 역임. 조대여고, 송원고, 송원중에서 교편을 잡았다. 시집 『가을 적벽』, 『볏짚, 죽어서도 산다』, 『과정』, 『신을 끄는 보름달』, 『뼈만 남은 꿈 하나』, 『작은 것이 아름답다』.

| 한국대표정형시선 049 |

전각

초판 1쇄 인쇄일 · 2018년 09월 10일
초판 1쇄 발행일 · 2018년 09월 20일

지은이 | 이한성
펴낸이 | 노정자
펴낸곳 | 도서출판 고요아침
편 집 | 이양구 정숙희 김남규

출판 등록 2002년 8월 1일 제 1-3094호
03678 서울시 서대문구 증가로 29길 12-27 102호
전화 | 302-3194~5
팩스 | 302-3198
E-mail | goyoachim@hanmail.net
홈페이지 | www.goyoachim.net

ISBN 979-11-88897-60-5(04810)
ISBN 978-89-6039-728-6(세트)

*책 가격은 뒤표지에 표시되어 있습니다.
*지은이와 협의에 의해 인지는 생략합니다.
*잘못된 책은 교환해 드립니다.

후원 : 광주시 광주문화재단

*이 책은 광주광역시·광주문화재단의 지역문화예술특성화사업으로 지원 받아 발간되었습니다.

ⓒ 이한성, 2018